Y YO A TI

Obra editada en colaboración con Editorial Planeta – España

Creación y realización: Lunwerg, 2025

Bajo el sello editorial ESPASA M.R.
Avenida Presidente Masarik núm. 111,
Piso 2, Polanco V Sección, Miguel Hidalgo
C.P. 11560, Ciudad de México
www.planetadelibros.com.mx

Primera edición impresa en España: junio 2025
ISBN: 978-84-10378-90-2

Primera edición impresa en México: agosto de 2025
ISBN: 978-607-39-3109-0

Impreso en los talleres de Litográfica Ingramex, S.A. de C.V.
Centeno núm. 162-1, colonia Granjas Esmeralda, Ciudad de México
Impreso en México – *Printed in Mexico*

Y YO A TI

Sara Búho

Con ilustraciones de la autora

ESPASA ES POESÍA

A Ana, Juan, Teresa y José.
Porque sí.
Por todos los abuelos,
y por vosotros primero.

HUIDA

Nos pisamos como pisamos
las hojas caídas en otoño,
como si no hubieran estado vivas nunca;
como si no nos hubieran protegido alguna vez del sol,
de la lluvia,
o del olvido.

Saboreamos el lastre de vivir,
irremediablemente muriendo,
la vida que por exceso o por defecto
nos apaga a base de fuego.

Desafiados al nacer, abrazamos la valentía cómoda,
el exceso de torpeza elegante a la hora de tomar decisiones
que definen con creces nuestro afán por caminar
en busca de complicaciones vacías.

Nuestros niños no crecen escalando árboles
y tampoco viéndolos crecer.

Plantamos semillas alteradas en huertos urbanos
con la esperanza de que la naturaleza nos perdone.

Llamamos civilización a esta huida infinita.

Pero un día cualquiera, en cualquier calle,
a cualquier hora, una hoja marchita cae justo en tu nariz.
Te asustas, sonríes, la recoges del suelo
y os devolvéis mutuamente a la vida.

BIENESTAR

Lo tenemos todo,
no nos queda nada.

ESPEJOS

No hay peor ciego
que el que no es capaz
de verse por dentro.

RECUERDOS DEL FUTURO

Las mañanas no siempre son justas.

Las nubes soportan mi peso,
el aire me atraviesa como si no tuviera cuerpo,
y el recuerdo de quien fui se clava a su pesar.

Amanece y soy consciente;
no hallo el modo de reconocerme
en las huellas que dejó otra persona
con mi mismo aplomo y mis pies.

No soy yo,
pero un día lo fui.

Atardece y el pisar del presente
modifica,
destruye
y construye el minuto que acabo de agotar.

Consumo lentamente este segundo
para recordarme que sin mí no hay futuro.

Anochece y sólo quedan las huellas,
siempre llenas,
siempre vacías,
de atropellados intentos de existencia
aguardando atentamente mi regreso.

Las mañanas no siempre son justas.

LOS MISMOS

Tu recuerdo me araña la piel
desde dentro hacia fuera.

Mi corazón es un caleidoscopio
desde el que no sé mirarte
y tus manos inciertas me alcanzan,
pero no me tocan.

Mi lejanía no se despega de tu piel.
No somos los mismos.

Nos cubre un halo
de indiferencia consciente
y un escudo de amaneceres
en compañía de una distancia
infinita.

Tengo tus dudas clavadas en el alma,
tú, mis miedos contaminando tu estómago.

Quizás sí,
quizás seamos los mismos
interpretando otro papel.

Te extraño intensamente
teniéndote a un milímetro
mientras aprendemos
a reconstruir
lo destruido.

CULPABLE

No me sirve de nada observar la sentencia;
leer tu nombre completo junto a la casilla que te señala culpable
no me llena más que de vacío.
Abandoné el recuerdo de mi cuerpo dormido sobre tu lágrima
y volví a todas las ciudades que fueron escenario
de tus pies siempre descalzos.
Ya no quedan huellas en el mar,
la Alhambra ha olvidado tus historias,
La Alameda vuelve a cobrar sentido sin ti.
Ahora toca asumir que me ha abandonado el daño,
que estoy sola,
sin amor y sin un solo motivo
para seguir pensando en ti.

BARCO DE VELA

No pude verte morir,
pero aún hoy me persigue
tu aplastante existencia.
Mil cuervos revolotean alrededor
de todo aquello que no logramos resolver
antes de tu último aliento.
Lo siento, les grito.
Lo siento.
Nada hiere más que la recurrencia,
y estas palabras que te dedico
sabes que son sólo para mí,
pero que siento que el mar
me responde en tu nombre
cada vez que poso la mirada en las olas
y aparece un barco de vela.

RECORDATORIO

No he venido a regalarte un te quiero,

estoy aquí para liberarte de su simpleza.

or. Amor. Amor. Amor. Amor. Amor. Amor. Am
or. Amor. Amor. Amor. Amor. Amor. Amor. Am
or. Amor. Amor. Amor. Amor. Amor. Amor. Am
or. Amor. Amor. Amor. Amor. Amor. Amor. Am
or. Amor. Amor. Amor. Amor. Amor. Amor. Am
or. Amor. Amor. Amor. Amor. Amor. Amor. Am
or. Amor. Amor. Amor. Amor. Amor. Amor. Am
or. Amor. Amor. Amor. Amor. Amor. Amor. Am
or. Amor. Amor. Amor. Amor. Amor. Amor. Am
or. Amor. Amor. Amor. Amor. Amor. Amor. Am
or. Amor. Amor. Amor. Amor. Amor. Amor. Am
or. Amor. Amor. Amor. Amor. Amor. Amor. Am
or. Amor. Amor. Amor. Amor. Amor. Amor. Am
or. Amor. Amor. Amor. Amor. Amor. Amor. Am
or. Amor. Amor. Amor. Amor. Amor. Amor. Am
or. Amor. Amor. Amor. Amor. Amor. Amor. Am
or. Amor. Amor. Amor. Amor. Amor. Amor. Am
or. Amor. Amor. Amor. Amor. Amor. Amor. Am
or. Amor. Amor. Amor. Amor. Amor. Amor. Am
or. Amor. Amor. Amor. Amor. Amor. Amor. Am
or. Amor. Amor. Amor. Amor. Amor. Amor. Ar
or. Amor. Amor. Amor. Amor. Amor. Amor. Am

NO TE QUIERO

No te quiero porque soy esclava de las palabras
y de su significado más fiel.

Quizás te adore,
quizás te desee,
quizás me gustes,
quizás te ame
pero no te quiero.

No te quiero como se quieren las cosas,
ni te quiero como se quieren las personas
con intención de poseerse como si fueran cosas.

Quizás te añore,
quizás te rompa,
quizás te sienta,
pero no te quiero.

Y el día que lo entiendas
quizás pueda quedarme a tu lado
a comprendernos por dentro
como un mecanismo infinito.

RESPIRACIÓN

Me inspira.
Exhalo.

Guarda en cada parpadeo
un mensaje subliminal.
Lo luce sin pretenderlo,
deja el alma en blanco
en un orgasmo pleno
que empuja mi existencia
un paso más allá de lo místico.
Transparente y presente.
Una luz intensa que no ciega
pero aturde.

Me inspiro en lo imposible
desde que le toqué
y quise jurar que sus huellas encajaban con las mías.
Lo comprobé.
Nuestras almas bailan
aunque estemos quietos.

Acarició mis alas y yo besé las suyas.
Siendo libre decidió quedarse.
Jamás he amado a algo anclado a mí.

Me inspira.
Exhalo.

SUFICIENCIA

Tú y yo podríamos ser cualquiera,
pero qué suerte.
Tú y yo.
Aquí, ahora.

Esta sonrisa está hecha de todos los errores
que me han dirigido hacia tu acierto.
A tu certeza.
A un beso prestado y devuelto.
Esta sonrisa está hecha de materia volátil
y cadenas rotas.

Sabe a tu boca.

Esta sonrisa mía sabe,
sobre todo,
cuidarse sola.

Pero le encanta que la mimes tú.

MECANOGRAFÍA

Decir lo que sientes
no es más que leer en voz alta
lo que el corazón escribe.

OTOÑO EN EL PARQUE

Si vienes y me besas
seré la niña que llora en el columpio,
triste y solitaria,
todos los días
menos uno.

Seguiré cosiéndome la sombra a los pies
por si me pierdo entre tanta luz,
y continuaré aferrándome tímidamente a la certeza
de que en la oscuridad
sólo me encuentras tú.

Sé que no moriré de amor,
pero si vienes y me acaricias
podría llegar a resucitar
a todo un ejército
de entre mis cenizas.

Tu libertad
me duele
y me excita.

Soy presa de un sueño volado
que no retorna;
de una pesadilla que vuela rasa
sobre tu oasis.

Podría acostumbrarme a mirar la mota verde
y aleatoria
que encierra tu iris izquierdo,
bajarme del columpio y ser feliz
contándote todo esto;
pero me aterran tus manos cargadas de hechos
porque yo
soy presa de mi columpio y su balanceo,
de mi tristeza y mis muertos deseos.
Y tú.
Tú.
Tienes la mirada de un sueño que no se deshace
al contacto con dedos.

CONQUISTA

Esta sensación,
casi certeza,
de que invades todo,
absolutamente todo,
lo que besas.

INVASIÓN

Constelaciones o campos de minas,
tú eliges lo que ves en mi espalda.

RESCATE

No pude verte llegar.
No entendían tanta luz mis pupilas ensombrecidas,
ni había lugar en mi diminuto cuerpo para tanta esperanza.
No sabían mis manos por dónde comenzar a construir,
ni mis pies si lograrían trazar el camino correcto.
Tampoco pude verte avanzar entre mis grietas,
ni siquiera noté el violento cosquilleo del renacer,
mis cenizas no entendieron tus incendios,
mis alabanzas mudas no sabían rezarte a ti.

Le contaste al viento una historia sobre mis ruinas
y cuando por fin llegó a acariciarme el pelo
no pude hablarte sobre todo el agua que cabe en mi pecho
justo antes de ahogarme.

No pude verte marchar.
no entendían tanta oscuridad mis pupilas iluminadas,
ni había lugar en mi diminuto cuerpo para tanto olvido.
No sabían mis manos manejar el tacto
ni mis pies lograban sostenerme.
Acaricié mis nuevas grietas
y pensé en ti.
Sólo en ti.
Como si pudiera rescatarte del vacío de mi sueño
justo antes de ahogarme.

MAMÁ

I

Me protege de sus miedos.
Alienta mis pasos dormidos
hacia caminos preferiblemente conocidos.
Me arrebata las armas
que no se atreve a usar.

II

Le prometo que ya casi
he aprendido a caminar,
y le confieso que mi ombligo
tiembla cuando llora
a pesar de los kilómetros.

III

Que vuelvo a nacer
cada vez que ríe a carcajadas,
lo saben todos.
Que aún observa con recelo la continuidad
de mi respiración mientras duermo
sólo lo sabemos ella y yo.

IV

Somos dos mujeres que acaban de conocerse
pero que se han querido desde mi primer latido.

CADA VEZ QUE PRONUNCIO TU NOMBRE

Un pájaro aprende a volar
cada vez que pronuncio tu nombre.

Un ciego comienza a entender
la belleza que se esconde en la oscuridad
y a sentir el braille de una espalda llena de lunares.

Cae una gota de lluvia
sobre una boca maltratada por la sed.

Nace una flor, también,
cada vez que vuelvo a pronunciarlo.

Y yo,
simplemente,
muero un poco más rápido.

CAÍDA LIBRE

Como la gota azul
que libre y condenada cae al mar.
Así tú conmigo.

Así

yo

sin

ti.

inercia

Ojalá.

Pero.

Lo sabía.

es inercia, no intuición

intuición

patrones que no se rompen

TERESA

Te recuerdo como el tono de gris que todos buscan,
ese que muchos alcanzan y no llegan a distinguir.
Podría ser por el color de tu pelo,
o quizá por ese matiz de perfección que alcanza alguien en el recuerdo
de otro alguien cuando ya no está.

Recuerdo el arrastrar de tus zapatillas a lo largo del pasillo,
ese sonido incierto y firme de cada paso que hoy recreo con la lluvia
cuando cae con fuerza.
Recuerdo por supuesto tu olor,
podría distinguirlo entre un millón de primaveras;
tan tuyo, y tan mezclado con medicinas.
Recuerdo casi como un milagro tu voz,
a pesar de los años,
a pesar del ruido;
esta vez cierta y poco firme, aun serena.
La recuerdo tormenta,
pero sobre todo la recuerdo callada.
Y tu tacto, abuela,
recuerdo el tacto de tu piel algodonada,
suave y casi sin plegar.

Recuerdo mirarte desde abajo y verte menos inmensa
de lo que hoy te recuerdo.
Cuánto pude aprender de ti
y qué poco tiempo tuve.
Lo sé porque cuando me concentro en pensarte,
acabas por no caberme en el pecho;
me vuelvo una niña,
esa que jugaba con tu caja de botones
mientras me recitabas en calé
los poemas de tu padre.

Los álbumes de fotos están un poco más vacíos,
pero no te preocupes,
es sólo que se han dispersado un poco.
Ya nos conoces.

Abuela,
la casa ya no huele a ti,
ni suena como tú sonabas,
está un poco más fría, más turbia, más hueca,
y estoy casi segura de que entra menos luz.
Pero ¿sabes?
todos estamos bien.

Te echamos de menos.
Sé que en el último suspiro
nos dejaste el espíritu de la familia que querías que fuésemos;
y abuela,
sigo sin creer en el cielo,
pero mataría porque existiera un sólo segundo y tú pudieras
vernos
sonreír como sonreímos cada vez que estamos juntos.

Que si pierdo la fe un día de estos,
es sólo porque una vez la tuve en ti
cuando tú no la encontrabas.

Me gusta pensar que estás aquí,
y cuando me topo con la realidad de tu ausencia
sólo tengo que mirar a María
para volver a encontrarte.

Te quiero abuela,
no lo olvides si es que me escuchas,
aunque sea bajito;
que daría todo lo que tengo y más
por ser yo quien hoy te recite las poesías
que aún no me aprendo por miedo a equivocarme y que,
realmente,
me estés viendo.

NEBULOSA

Te presentas como una nebulosa,
difuso, etéreo, lejano.
Guardas en los ojos la infinitud del universo
y el misterio de los secretos que nunca serán revelados.

En tu boca no hay vuelo,
no hay paso firme,
hay gravedad cero
y falta de oxígeno.
En tus manos la esperanza,
el consuelo,
hay vida más allá de este cementerio
hecho cuerpo.

No sé si alunizo
o alucino:
tus aguas disuelven el tedio
y mi humanidad podrida
queda limpia,
respiro.

Eres estrella fugaz hecha deseo cumplido.

STAND BY

Un secreto a voces:

tu silencio

hace juego

con el mío.

DIFERENCIAS

A ti te acaricia el viento,
    a mí me empuja el levante.
A ti te llueven las nubes,
    a mí me mueven huracanes.
A ti te lloran los ojos,
    de mí nacen temporales.
Tu corazón late,
    el mío retumba.

Cómo no caer,
cómo no levantarme;
si tú eres poesía,
yo…

lo que queda de la herida.

DISTORSIONES

El espejo me devuelve el reflejo de alguien que soy yo.

Miro mi brazo derecho, está flaco.
Hay una mueca en la zona interna, un arco,
no hay músculo ni grasa, sólo un hueco;
como si mi bíceps esperara que alguien lo agarrase.

Tengo un nudo en el estómago que desearía no tener.

Mis costillas son más prominentes en la zona derecha
que en la izquierda, y mi esternón dibuja una escalera visible
desde la garganta hasta perderse cuerpo abajo.
Observo cómo mis piernas no se alcanzan
aunque me esfuerce por juntarlas.
Entre mi entrepierna y mis rodillas irreconciliables
hay un espacio en forma de ojo gigante vertical;
la distancia entre un muslo y otro quizás sea
de unos siete centímetros.

Quiero llorar.
No saben que sólo me peso después de comer
para no sentir la delgadez.
No saben lo que es apoyar los codos en la mesa
y despreciar al hueso que se clava y duele.

Me subo a la báscula y
peso dos kilos más desde la última vez.
De mi boca brota una risa;
quizás ese reflejo no era yo.
Vuelvo la vista al espejo y mi brazo
quizás no está tan mal.
Paseo mis dedos entre las costillas
que parecen haberse escondido un poco bajo la piel.
Ni restos del esternón.
Si te fijas, hay una zona en la que confluye una pierna
con la otra.

No sé. No estás tan mal.

Salgo del baño feliz.

Al otro lado del pasillo alguien dice:
niña, tienes que comer más, estás más flaca.

DAÑOCENTRISMO

Malvendí mi tristeza por un par de poemas de humo y me aplaudí. Prostituí recuerdos por paz y los disfracé de guerra. Me arrastré por el asfalto hasta entregar mi aliento a alguien que se ofreciera a lamerme las quemaduras para acabar huyendo y haciéndolas parte de mí. Una y otra vez. Anudé mi destino a una nube llorona y soplé, soplé tan fuerte que alejé todo lo bueno y el hastío me envolvió. Me sumergí entre explicaciones que no justificaban tanto absurdo; lo adorné hasta que todos mis dramas parecieron poesía. Ensalcé un sentimiento corrupto y me dejé llevar por sus trampas. Me destruí como nadie y me recompuse como todos.

Tarde o temprano el tiempo nos da la hostia que hace que el corazón y la estupidez vuelvan a su sitio.

ERROR RECURRENTE

Ojalá.
    Pero.
        Lo sabía.

CICATRIZ

Una cicatriz es un trozo de piel
generalmente cosida,
estrictamente desgarrada en el pasado,
y recompuesta con ayuda de otra piel,
pero nunca la misma.

Una cicatriz es un apaño natural
a una herida complicada
consecuencia de un golpe demasiado duro
para ser recompuesto del modo habitual.

La piel perdona,
pero no olvida.

FAROS

Caí en la maldición de la metáfora romántica,
la rima fácil,
el amor difícil,
la decisión imposible.

Tus ojos son dos faros, decías,
siempre me traen de vuelta a casa
cuando me pierdo.

Tus ojos son dos faros, escribías,
y mi sonrisa se hacía curva
cargando el peso de la confusión.

Yo nací para ser barco,
para navegar,
para mecerme en el agua;
tú querías anclarme a tierra
como un hogar triste,
iluminando mi alrededor,
manteniendo mi núcleo a la sombra
de mi propia luz.

Yo me apagué,
tú jamás colisionaste.

LO ROTO

No estoy rota,
soy así.

Soy todos los jarrones,
platos,
vasos,
tazas,
bombillas,
sueños,
y otros trastos
que he ido tirando al suelo
por no poder sujetarlos con una sola mano.

Con la otra señalaba
el camino que habías tomado
para no volver.

Adiós
debe
el
suceder

TAC

Que la constancia del tiempo
te arrugue la piel
pero nunca el alma.

CONSTELACIONES

No tengo nada que decirte.
Hablar entorpece cada pulso acelerado
y mirarte es gritarte a frenazos.

Parpadeo como si pudiera escapar
de tu imagen,
suspiro como si fuera capaz de desalojarte
de mi estómago
y río como si así lograra engañar a la tristeza.

Te veo sonriendo,
cambiando a tu antojo las constelaciones de pecas que adornan
tus ojos
con solo una mueca de felicidad incierta
ante mi incierto modo de mirarte cada peca.

Eres un boca a boca sin distorsionar,
y yo una supernova clavada en tu pupila.

No tengo nada que decirte,
hablar entorpece cada pulso acelerado
y mirarte es gritarte a frenazos.

CONCLUSIÓN

Nadie espanta a mis fantasmas como yo.

HOY LLUEVE

Como la
gota que
cae libre
cielo abajo
hasta caer
al océano
que luego
bucea con
fuerza para
hacerse hueco
entre las
demás procurándose
pesada hasta
llegar a
la oscuridad
del fondo
para que
el calor
no la
devuelva
al vértigo
de la
nube.

Así te pienso.
Evitando el ciclo.
Así practico el olvido.

Como si no estuvieras en el fondo de mis ríos,
en el barro de mis lagos,
en cada reloj de arena que se rompe
cuando mi tic tac frena.
Como si la ansiedad no hubiera acabado
convirtiéndome en pez.
Como si no formara yo parte de la nube.

PILLA PILLA

Soy dueña de un olvido insuficiente y
presa de un recuerdo recurrente.

Quien dijo que el amor no duele no entiende,
no late,
ni tan siquiera sueña.

Soy dueña de un presente demasiado lento y
presa de un pulso que estalla cada veintitrés minutos.

Soy un impulso indomable que no sabe hacia dónde dirigirse.

No sé disfrutar de esta tristeza.
No sé jugar a esto.
Y menos contigo.

Y menos sin ti.

AURICULARES

No estás
y los pájaros siguen cantando.

Como ayudándome a latir,
tu recuerdo es un grillo
en mitad de la noche,
una orquesta de gotas
cayendo en el lavabo,
un incesante y paulatino
tic tac,
una voz que pregunta
si estoy dormida,
el silencio del ángel
en mitad de la fiesta.

No estás,
y los pájaros cantan hasta dejarme sorda.

SINÓNIMO

Ya no me gusta tu manera de reír,
se fue el amor y se la llevó con él.

Sólo recuerdo tu nombre
cuando me hacen daño.

Cada golpe ajeno me devuelve a tu herida.

SALIDA DE EMERGENCIA

Qué lejos te he llevado.
Qué lejos estoy.
Qué iba a hacer allí, quieta.
Esperando que tu repentino amor
me recuerde a nosotros.

PARAÍSO TERRENAL

No es tu selva
la que me frena,
ni la esperanza
lo único que me empuja.

Este incendio lo resisten mejor
los huesos que la carne,
y mi corazón parpadea sin control
mientras nuestras pupilas se dilatan en el tiempo.

Ya no te alcanzo ni queriendo,
amor,
y rendir cuentas a tus fantasmas
no resuelve este juego de miradas dormidas
que ya no tienden a soñar.

calma

LLANTO AL OTRO LADO

Tu existencia persiste
y la soledad pesa más cuando te acercas.

Recuerdo aquella noche
como si aún desde entonces
no hubiera salido el sol:
hablábamos bajito,
con voz temblorosa
y pieles ciegas.

El amor había acabado con nosotros
y Madrid era un poco más ciudad
desde aquel piso interior.

Al otro lado de la pared
un niño lloraba
y yo quería acercarme a su lágrima.

Hablabas entre silencios, y yo
pensaba en la ciudad y en el niño triste
como si la realidad contigo
no correspondiera
con el momento presente.

El amor nos había destruido
y sabíamos cómo sobrevivir
a la última estocada.

El sol seguía sin asomar
a través de la ventana infectada de oscuridad,
el llanto del niño se posó en tus ojos
y volví.

Como la noche al día,
el único modo de no acabar con el ciclo
era intentándolo de nuevo,
aunque mi amanecer continuara
sucediendo
en otro lugar del mundo.

INTENTO NÚMERO UNO

Casi te olvido.
Casi.
Pero el vapor del agua caliente de la ducha
ha sacado a relucir
el último corazón que pintaste en el espejo.

PRESENTE

Lo más duro del presente
es lidiar con el pasado
y romper con el futuro.

Pegué mi mejilla a su lágrima,
besé su párpado,
besé su frente y envolví su tristeza
con mi cuerpo.
Huyeron las palabras de su miedo,
el corazón sólo impulsaba abandono
y toda la piel fue un torbellino
en busca de restos entre las ruinas.

Pegó su mejilla a mi lágrima,
besó mi párpado, besó mi frente
y envolvió mi tristeza
con su cuerpo.
Susurramos como el aire,
nos abandonamos al impulso
y nuestra piel fue el escaparate
de la flor que quiere nacer

a pesar de nosotros.

ECO

Insistí como el invierno,
como el paso pretendiéndose camino,
como la vejez a la piel,
como la risa a los pulmones.

Insistí como un virus débil,
como el viento arrastrándose por el espacio,
como la hoja caduca a veces,
como el último intento siempre.

Insistí,
pero lo único que quedó
fue la persistencia de mi mano
golpeando la puerta
de un hogar deshabitado.

Insistí,
pero lo único que quedó
fue la persistencia del eco
golpeando el corazón
de un cuerpo deshabitado.

MUSAS 2.0

Los cantautores escriben sobre sus lágrimas.
Los ilustradores ensayan sus miradas perdidas.
Los poetas las descomponen como si fueran puzles infinitos.
Nadie las conoce, pero todos se posarían en sus clavículas
como pájaros buscando altura.
La musa se pierde, no distingue entre el cuerpo triste
o la propia tristeza.
Ellos quieren poseer la carne para enseñar al mundo
que eso que perciben es cierto,
que sus acordes, sus trazos y sus versos
son próximos a la verdad de esas pequeñas mujeres voladoras.
Como si precisaran exhibirla
para llenarse el alma de aplausos.
Como si hubiera que matar a la criatura,
para probar su existencia.

WHATSAPP

La noche va bien, mi amor.
Estoy escribiendo.
El teclado es una selva de corazones latiendo
y pienso en ti.
La pantalla es un caleidoscopio de letras y números.
Recuerdo Teotihuacán, sus escalones infinitos,
y tu ausencia invitándome a vivir.
Recuerdo Monserrate
y el vértigo llevándome de vuelta a tus ojos.

Cuánto daño hace cada palabra que no pronuncio,
y cuánto daño hace la mera intención de sujetar
una letra en los labios.
Iría a buscarte, pero ya estás aquí todo el tiempo.
Consolándome de nosotros, olvidándote de ti.
Cuánto daño.
Incontable.
Como las gotas de una tormenta de invierno
cuando ya no quedan aceras, ni edificios,
ni señales.

La noche va bien, mi amor.
Sólo he llorado un poco tratando de descifrar esta lejanía
que se posa en mi corazón cada vez que nuestras pieles se
separan.

LUCES DE NEÓN

Tu piel está cerca de la mía,
la mía a kilómetros de ti
y de todos.
De los altavoces emanan
ritmos graves que buscan alinear los cuerpos.
Vibra el suelo, el techo, el aire.
Vibramos irremediablemente
fuera de nuestro envoltorio y
como un virus de la carne,
como un efecto dominó atómico,
todo lo de dentro estalla hacia dentro
y hacia fuera a la vez.
De pronto no sé si soy toda piel
o toda alma, pero hay un único movimiento
en todas las direcciones.

Bailo. Bailo porque no soporto el cosquilleo
del corazón, un cosquilleo que me duerme las manos,
las caderas, las piernas, los pies, la mente.
Bailo porque si no bailo me muero,
porque ahora el latido está esparcido por toda mi anatomía
y necesita continuar.
Llevo el universo dentro, tiene que ser eso;
soy tan consciente del momento
que no puedo pensar.

Estoy sola.
Hay demasiada gente.
No me importa.
Nunca me había importado tan poco.

TU VOZ

Te pareces a alguien que conocí.
Tenía tu piel, tu sonrisa, tus ojos;
pero no eres tú,
            ya no.
Tu piel no se eriza con mis dedos,
tu sonrisa no quiere mecer mis noches,
tus ojos no me quieren desnudar.

Aúllo entre poemas
y tu imagen se pixela
poco antes de caer la lágrima.

Te reconozco,
te reconocería entre mil errores,
dos mil aciertos
y un millón de verdades.

Ahora no tengo tu voz,
pero tu afónica ausencia grita
al otro lado de la puerta que dejé abierta
por si decidías volver.

Tu voz,
tan tuya siempre,
tan mía a veces,
casi nunca.

NO ME HIERAS

La soledad sólo viene a herir cuando la sientes,
el resto del tiempo es inherente.
Nos besamos desde la soledad,
bailamos desde la soledad,
reímos desde la soledad,
y sólo cuando la pensamos con intensidad, escuece.
No me hieras,
no.
No quieras herirme.
Crecer es llevar la herida
de un lugar
a otro;
la soledad es también un mueble viejo y robusto,
que no puedo trasladar
si te marchas.

INTENTO NÚMERO DOS

Quien no crea en segundas oportunidades
que cuente las que se ha dado a sí mismo.

BÁSICO

Camino no del todo consciente
del movimiento.
Me muevo no del todo consciente
del caminar.
Pero camino y me muevo,
y ni el amor ni el olvido,
ni el perdón ni la pena,
ni la calma ni la tormenta,
me frenan.

La vida sigue,
o eso dicen,
como si insinuaran que
en algún momento
se hubiera parado.

Despedida

1, 2, 3 – 5, 6, 7

Una camiseta de algodón
y un top de lino
separan tu piel de la mía.

Un, dos, tres.
Piel.
Cinco, seis, siete.
Giro.

Un, dos, tres.
Mirada.
Cinco, seis, siete.
Caída.

Un, dos, tres.
Sonríes.
Cinco, seis, siete.
Tropiezo.

Un, dos, tres.
Sonreímos.
Cinco, seis, siete.
Te piso.

Un, dos, tres.
Sonríes el doble.
Cinco, seis, siete.
sentimos a la vez
el golpe del bongo.

Bailando conviertes el tiempo que
pasa
en tiempo que pisas.
A la música le falta algo
cuando no bailo contigo.

ORDEN

No necesitaba superarte:
necesitaba mirar hacia otro lugar
para entender que merecías estar
a la misma altura que el resto.

SUICIDIO

Tus ojos son el lugar
donde van a romperse los sueños.

PAPÁ

No nos hemos abrazado suficiente.
Nos entendíamos en la distancia
pero el acercamiento era siempre torpe,
nervioso,
como cuando hay mucha gente mirando
y temes hacer mal algo que todos hacen bien.

Pero un día me rompí en tantos trozos
que no sabía dónde empezaba el llanto
o dónde acababa la ironía,
y me sostuviste con la entereza
de un héroe de ficción
que aparece en los sueños
cuando se tornan pesadillas;
sin importar cuánta gente hubiera mirando,
sin temer nada más allá de mis límites.

No nos habíamos abrazado suficiente.
Nos costaba mirarnos a los ojos
porque quizás nos reconocemos demasiado,
y tu verdad y la mía saltan
de pupila a pupila
como si hubieran aguardado pacientes
desde el día que ya no volviste a casa,
pero no dejaste de invitarme a la tuya.

APRENDER

Mq euiero.
Me ruieqo.
Mo uqiere.
Oreiuq em.
Ro mequie.
Qu meorie.
Mi queroe.
Me quiero.

NO ME PREOCUPA SEPTIEMBRE

No me preocupa septiembre.
Me recuerda al calor de los cuerpos
que están a punto de perderse
en algún otro destino alternativo.

No me preocupa septiembre
ni sus playas cada vez más parecidas
a trozos gigantes de piel
cada vez más deshabitados.

No me preocupa septiembre,
mis amores de verano no murieron en
su hoja del calendario,
murieron en un poema como este.

No me preocupa septiembre,
nunca lo hizo;
por entender que el daño es un comienzo inevitable,
y una oportunidad infinita.

FE

Eres luz,
nadie puede hacerte sombra.

RAÍCES

Desde las que creces
hasta las que echas años después.
¿Cómo se agarra una raíz al cielo?

MICROSEGUNDO

Tengo agujetas en el corazón
de tirar la toalla y volverla a recoger.
No lo llamo fracaso
si todavía conservo
todas las piezas.

LA LÍNEA

Esta noche los barcos se avisan
unos a otros
para no colisionar entre la niebla.
Corre viento de levante
y la humedad llega al estómago
tras posarse flotante en la piel.
Es verano y una masa de nubes densas
no me permite ver el eclipse
del que todas las noticias andan hablando.
Es la ciudad poesía:
aterrizan mar y océano
en cada una de sus mejillas
y tambores imaginarios llegan
desde África directos a la planta de los pies.

La Línea es una madre
que acoge en su seno a quienes no ha visto nacer.
Siempre sentirás que vuelves a casa,
cuando bajas la carretera del Higuerón
y aparece el Peñón como una isla en el cielo.
Se oye desde el centro cómo los niños juegan en el paseo marítimo,
y desde las afueras cómo la plaza Cruz Herrera
sigue latiendo en los bares de siempre
aunque ya no se llamen igual.
Todos se conocen, todos hablan,
todos hacen lo que pueden por esta ciudad
con alma de pueblo.

La falta de alimento
está dejando al pueblo sin hambre.
Y esta noche los barcos se avisan
unos a otros
para no colisionar con la realidad
de un pueblo con cuerpo de ciudad fronteriza
que se pierde en su esencia,
que se abandona a una justicia ausente.
La Línea de la Concepción no concibe su existencia,
no sabe si está naciendo o muriendo,
o si hay diferencia entre una cosa y la otra,
pero en las noticias siempre se habla de lo mismo.

Corre viento de levante
y llega por la ventana el olor a castañas
como un golpe de entrañable esperanza.

SEDACIÓN

Septiembre frío,
cuadros fríos,
ventanas frías,
habitación fría,
esperas frías,
manos frías,
pies fríos,
labios fríos,
caras frías,
cuerpos fríos,
abrazos fríos,
miradas frías,
lágrimas frías.

Y en realidad, nada estaba frío;
todo era de un color gris
tendiendo a estarlo,
adornando,
como un remolino de paz
alrededor de un cuerpo
abandonándose a una despedida impronunciable.

La fuerza del lenguaje es tan poderosa
como lo es también el vacío que siembra en el estómago
cuando queda en evidencia su insuficiencia.

Me quiero
Te quiero
Me quiero
Te quiero
Me quiero

HABLÁNDOLE A UN REFLEJO CUALQUIERA

Llevo años observándome como una mueca triste,
con miedo a perderme en el bosque de tormentas que habita mi corazón,
dependiente de tener la vista puesta en los pájaros que vuelan
tras otras sombras,
concentrada en la muerte
irremediable e inherente anclada
a una vida inevitablemente otorgada.

Años pintando mi piel del color favorito del resto,
alimentando mi centro con aprobación vieja y nueva,
cerrando mi boca ante el peso de la voz ajena,
ingiriendo señales como si fueran necesarias para la fe.
Empuñé la rebeldía para complacer al bando contrario,
me escudé en el conformismo para justificar mi insuficiencia.

Llevo años observándome, enterrándome con la viruta
de un mundo voraz que sólo exige continuar.

¿Dónde estás? ¿De qué te escondes?

Brillas tanto
que ni tú misma te ves.

PRETÉRITO

No pronuncié su nombre

porque tenía que formular la oración en pasado.

APRENDER A CRECER

¿Qué ocurrirá cuando estos cimientos se disuelvan
y pueda verse que mis huesos son ramas,
mi corazón pulpa
y mi mente semillas?
¿Me querréis igual
cuando deje de ser humo
para ser aire?

LLUVIA DE CERTEZAS

No sé cuántos de todos estos pensamientos serán realmente valiosos. Tengo miles, cientos de miles a lo largo del día. La delicadeza de la hoja que cae. El modo en el que mi madre sujeta su taza de café por las mañanas. El contraste de verde, rosa y amarillo de mi amaranta. El suelo frío, mi piel erizada. Las hojas flotantes del libro cada vez que el ventilador gira. La llave equivocada en la cerradura de casa. El abrazo de mi padre. La flor que se rebela firme entre el asfalto. El llanto hueco del niño de la vecina. Los escombros de la cuba del otro vecino. El barrio. Él. Ella. Abuelo cortando pan. Abuela besando un pequeño trozo de pan antes de tirarlo. La humedad en los cristales del baño. La bondad en los ojos del hombre con el que duermo. Los pliegues adornados con sombras grises de las sábanas blancas cuando amanece. Un girasol. Un campo de girasoles. Tierra fría en los dedos. La distancia que hay entre dos lunares. La ternura de unos pies pequeños.

La falsa suavidad del terciopelo. El olor de un joyero antiguo. El olor de la carpintería que ya no hay de camino a casa. El olor a enfermedad en el hospital. El olor de papel ecológico, de papel reciclado, del papel de revista o panfleto. El modo en que el mar parece despedirse cada vez que una ola retrocede en la orilla. Gente masticando. La mosca posada en el anillo de oro. La gota que cae violenta sobre el cristal. La gota que resbala tranquila sobre el cristal. El escozor en el lagrimal entristecido. Las nubes protegiendo el azul del cielo de miradas pixeladas. El detalle. Todo lo que importa. Mucho o poco. Pero te acaricia el pensamiento…

Merece ser vivido hasta el alma.

PENITENCIA COSTUMBRISTA

Cometí un error, pero nadie me impuso el castigo de escribir tu nombre cien veces. Sólo yo. Sólo una sombra imitando tu silueta a contraluz. Sigo alimentando todos esos cuervos que revoletean aparentemente felices los pies de mi cama. No se marchan, no les dejo. Aún quedan restos de la historia: cuando acabaron los poemas, llegó el recuerdo. Te recuerdo mal. Fatal. He perdido la precisión de cuando te tocaba en sueños. No te veo con los ojos abiertos ni te alcanzo con los ojos cerrados. Apareces como una animación, sólo entre parpadeos fugaces.

No me divierte jugar al escondite contigo porque siempre te encuentro dentro de mí.

BIENVENIDA

Preguntas *qué pasa*
y yo quiero decir *adiós*
pero mis labios dicen *no sé*.
Pronuncias *te quiero*
y yo quiero decir *adiós*,
pero mis labios dicen *yo también*.
Hablas del futuro
y yo quiero decir *adiós*
pero mis labios enmudecen.

Quisiera haber podido
traducir este desamor,
llegar a tiempo a la despedida.

Quisiera haber podido romperte el corazón
de otra manera,
avisarte de que dejé de luchar hace tiempo.

Ojalá hubiera podido decirte
que intenté perdonarte
pero me perdí en algún lugar
entre tú y yo,
y llegué a mí
antes que a nosotros.

A SOLAS

Busqué un amor que cuidara
de mis heridas, de mi futuro,
de mi libertad.

No estaba preparada para estar
a solas conmigo,
supongo.
Nadie está preparado para amar
a alguien que todavía no existe.

TIEMPO DESPUÉS

Dime que todo ha pasado.
Que ya no, que ya nunca.
Dime que conseguimos recordarnos
y comprendernos
sin rencor.
Dime que tuvo que ser así,
que eres distinto y yo también
y que estamos donde debíamos.
Dime que nuestros nombres están limpios
de reproches y de tormentas,
que puedes estar en los lugares
donde estuvimos
sin que te atraviese un mal suspiro.

Dime que estás a salvo
de los retales de nuestra historia.

PETICIÓN

Que viva todo lo que me puede salvar,
pero que me olvide.
Que se pongan a salvo de este imposible.

COMO AUSENTE

Muchas veces dejé que tomaras mi cuerpo
aunque yo no estuviera presente.
No me atreví a saber si te dabas cuenta;
a veces sentía que sí y otras que no.
No importó.
Cada vez me fui más lejos
y un día ya no volví.

FUEGO

Me enamoré a conciencia,
con intención.
Justificando las primeras guerras frías,
escudada en que lo que exigías era justo un incendio,
un incendio de amor.
Así que ardí,
ardí contigo,
ardimos hasta cuando
sólo quedaban retales de nuestra sombra.
Ardimos sin mirarnos
o a pesar de la mirada.
Ardimos hasta que sólo quedó fuego,
un fuego absurdo que no acariciaba nada.
Fuego en el vacío.
Te quise porque me quisiste
tan extraña y sinceramente
que sólo pude quedarme
hasta que sólo pude marcharme.

TIPOS DE CALOR

Decidimos amar más allá del impulso,
guardar lo usado como una reliquia
que nos recuerda lo que un día fuimos.
Nos salva la risa,
        nos une el respeto,
                nos enciende la piel.
Decidimos amar más allá del presente
recordando el crujir de las ramas incendiadas.

Tu calor con mi calor, quema.
Tu frío con mi frío, arde.

Y YO A TI

Estoy aprendiendo a caminar a oscuras
dentro de mi cuerpo,
perdiendo el miedo a tropezar
sin manos que me sostengan mientras caigo.
Te quiero.
Te echo de menos.
Te odio.
        Y yo a ti.
        Y yo a ti.
        Y yo a ti.

Necesito contar las piezas que me componen
y distinguir cuáles son mías y cuáles no lo son.
No voy a desecharte, no quiero lanzarte fuera,
quiero entender cómo funcionan mis trozos
sin los tuyos.

Si estos hilos son de coser heridas o
de estar convirtiéndome en marioneta;
si estos puntos son de sutura o de final.
Vivir en el vuelo ajeno atrofia las propias alas,
y no sé hacia dónde me dirijo.
Aparta tus sucias manos de mi alma,
déjame sentirme
entenderme
descomponerme
descubrirme.
Mi silencio es una explosión, no te metas dentro.

DIAGNÓSTICO

1.
Te quiero.
Necesito pronunciarlo especialmente hoy
y no sé muy bien por qué.
Los médicos dicen que voy a olvidarte
y a mí no se me ocurre un modo natural y cierto
capaz de borrar tu iris de mi retina,
tu calor de cada célula de mi cuerpo,
tus besos de mi nariz fría,
tus alas de mi torpe vuelo,
tu andén de mis vías,
tu risa de mis ratos huecos,
tu carcajada llenando todo mi universo,
tu pelo negro de mis intrusos dedos,
tus caricias infinitas del escalofrío de mi cuello,
tu pelo negro de mis intrusos dedos,
tus caricias infinitas del escalofrío de mi cuello,
tu pelo negro de mis intrusos dedos,
tus caricias infinitas del escalofrío de mi cuello.

2.
Te odio.
No sé si te marchas o me pierdo,
no sé por qué.
Los médicos dicen que voy a dejar de recordar,
y yo sólo quiero que tú seas preso de todo este gran olvido que
me golpea.
Quiero dejar de recordar
cómo mejora un mal día con tus buenas noches,
la ansiedad de un beso que se presta
y jamás es devuelto,
los bailes en la cocina,
las duchas compartidas,
las cosquillas que entorpecen sístole y diástole,
tu huella dactilar en mi costilla justo antes tocarla,
tu nombre,
el mío,
tu nombre,
el mío,
tu nombre,
el mío,
tu nombre.

3.

Te quiero.
No sé muy bien quién eres
pero los médicos dicen que voy a olvidar mi nombre y yo aún recuerdo el tuyo.
No sé si te gusta el té o el café,
si tus dedos encajan en mis costillas como las teclas de un piano
o si, por un casual, querrías bailar conmigo
en la cocina o en cualquier lado.
No sé si me devolverías los besos
y tengo unas ganas insanas de acariciarte el pelo.
Pero hay algo que sí sé,
sé que acabo de mirarte y tu iris
ya estaba clavado a fuego en mi retina.
Y sé que no sé qué día es hoy, pero he recordado tu nombre y has suspirado
como si pronunciando sus letras
acabáramos de salvar el mundo.

Y yo ~~a ti.~~

Y yo ¿~~a mí.~~?

Y yo ~~a nosotros.~~

~~no me alcanzo~~

¿dónde estoy?

ABUELA TERE / 2025

Cuando escribí este poemario, allá por el 16, de mis cuatro sólo faltabas tú. Ahora todos están contigo, menos Ani. Sigo sin creer estas palabras, aún no he podido dejar pasar la ausencia al corazón. La mayor parte del tiempo es como si no hubiera pasado, pero de pronto un sobresalto de lucidez me hace llorar. Abraza fuerte por mí, abuela. Abraza fuerte. Me da miedo toda la memoria que se marcha con vosotros, la fragilidad de lo no vivido. El mundo os está necesitando más que nunca.

ÍNDICE

Doc, gracias por creer en mí de esta manera tan contundente,
por cuidar de mis sueños cuando yo no podía.
Este poemario será siempre nuestro,
como el futuro.

Esta edición de *Y yo a ti* se acabó de
imprimir aproximadamente diez
años después de escribir algunos de
los poemas; que esta nueva calma
los guarde.